大川隆法
政治提言集
日本を自由の大国へ

幸福の科学グループ
創始者 兼 総裁 大川隆法

本書は、二〇〇八年以降に行われた説法の一部を抜粋し、テーマ別に構成したものです。

（※は編集部による注釈）

プロローグ

幸福実現党は、社会主義化していく世界のなかで、また、社会主義に戻《もど》っていこうとする、日本の社会、日本のマスコミ報道の流れのなかで、真なる自由を取り戻そうとしています。

あなたがた一人ひとりが、自由のための革命の志士とならねばなりません。幸福維新《いしん》の志士とならねばなりません。

本当の自由をこの手にするまで、戦いをやめてはなりません。

自由から繁栄《はんえい》が生まれます。発展が生まれます。そして、あなたがたの幸福が生まれるのです。

幸福実現党は、あなたがたの自由を守るための政党です。

日本は、これから、十年、二十年、あるいは三十年と、厳しい国難のなかを過ごさねばならないかもしれません。しかし、その国難に対処する道は、私が数多く説いてまいりました。

国師《こくし》・大川隆法、もう一度、申し上げます。

この国に自由を。

「自由の大国」として未来を拓《ひら》くことを。

これこそ、われらが使命です。


『自由の大国』P.81〜

目次

2 豊かな国を創《つく》るための経済政策

3 日本を国難から救うための国防政策 49

5 新しい福祉《ふくし》の考え方　77

7 宗教立国と新しい政治のかたち

1 すでに分かっていた国難

今、政権与党《よとう》の政治において、さまざまな矛盾点《むじゅんてん》が出ていますが、マスコミが批判する論点のほとんどは、すでに幸福実現党が選挙前に指摘《してき》した視点からの批判になっています。これを「先見性」と言うのです。彼《かれ》らの政策の矛盾点は、現実に起きる前に分かっていたのです。

二〇〇九年十一月四日説法「『新しい選択――2009街頭演説集①』セミナー」
（『危機に立つ日本』P.158〜）

厳しい不況がやってくる

二〇〇八年一月二十六日説法「朝の来ない夜はない」（『朝の来ない夜はない』P.24〜）

手放しで「これから好景気が来る」とは思わないほうがよいでしょう。今しばらくは、政治的、経済的に不安定な状況《じょうきょう》が続くと思います。そのなかで、どういうことが起きるかというと、「数多くの企業《きぎょう》が倒《とう》産《さん》する。そして、数多くの失業者が生まれる」ということが予見されます。

※この発言から約八カ月後の同年九月に、リーマンショックをきっかけに金融危機が世界に広がり、その影響で日本の株価も八千円を割り込み、不況が深刻化した。

世界恐慌にはならない

――二〇〇八年十月五日説法「ニューヨークで考えたこと」（『朝の来ない夜はない』P.74〜）

アメリカの景気後退は何年か続くと思います。しかし、世界恐慌《きょうこう》にはならず、やがては収まるでしょう。アメリカは潰《つぶ》れません。

※リーマンショック直後のコメント。当時「百年に一度の経済危機」と騒がれたが、二〇〇九年のアメリカ経済は二〇〇八年に比べてGDP、株価とも成長。欧米の主要金融機関の二〇一〇年の経済見通しでも実質二〜三パーセント成長と、今なお破綻の懸念はない。

民主党政権はいくらでもお金を使う

――二〇〇九年六月二十一日説法「億千万の民を救う道」（『幸福実現党とは何か』P.50～）

民主党は、〝お金の要《い》る話〟ばかりをしているので、いくらでもお金を使っていくと思います。そして、そのツケをあとで国民に回してくるものと推定《すいてい》されます。

※鳩山政権が誕生すると、史上最大の九十二兆円もの予算を組んだ上、中小企業の法人税減税の先送りやたばこ税増税、さらに消費税増税の前倒し論議など、増税路線に向かっている。

民主党政権は増税路線になる

――二〇〇九年九月十六日説法「国難選挙と逆転思考」（『危機に立つ日本』P.42〜）

民主党政権は、少なくとも四年間は消費税を上げないと言っていますが、おそらく、今の税率では済まなくなり、必ず増税路線になるはずです。

※このコメントは鳩山政権発足当日のもの。その半年後の二〇一〇年三月二十一日に内閣府副大臣が、消費税の税率を次期衆院選までに議論すべきであると発言し、十パーセント台の半ばまで引き上げる可能性があることを示した。

中国は空母部隊をつくる　――二〇〇八年十月二十六日説法『「成功への道は無限にある」質疑応答』

　今、中国は、二〇二〇年までにアジア方面の制海権が欲しいと考えていると思われます。これに対抗する手段をとっておかないと、石油が入らなくなり、息の根を止められます。そうならないように準備を進めることが必要です。例えば、専守防衛の災難対策空母を十隻(せき)くらいつくってはどうでしょうか。そうすれば、国内の失業対策にもなるし、アメリカから買えばアメリカの景気対策にもなります。

　中国は空母部隊をつくるでしょうから、それに対して対策が要るのです。

※この三週間後の二〇〇八年十一月二十日付読売新聞に「中国、初の空母戦闘群の建造着手か」の記事が掲載された。

鳩山政権は「左」に傾く

――二〇〇九年九月十六日説法「国難選挙と逆転思考」（『危機に立つ日本』P.31〜）

鳩山《はとやま》政権下の日本が全体的には「左」に寄っていくことは確実でしょう。

※これも鳩山政権発足当日のコメントだが、その後、郵政の民営化は事実上後退し、子ども手当や高校の授業料無償化や農家の戸別所得補償など、教育や農業を国が丸抱えする社会主義的政策を次々と実施している。

マスコミが鳩山政権批判を始める

――二〇〇九年九月二十四日説法「危機の中の経営」(『危機に立つ日本』P.97～)

私は、「二〇一一年あたりから、テレビ局、新聞社等の大型マスコミが倒産し始める」という予想を述べていますが、普通《ふつう》は、倒産する前に悲鳴をあげるものなので、ワアワアと現政権の批判をたくさんし始めるでしょう。

※この発言当時は、鳩山政権発足直後とあって、民主党ブームに沸いていたが、年末には「セメント業界『鳩山不況』」(十二月一日付日本経済新聞)といった批判記事が出始め、二〇一〇年に入ってからは、公約が大幅に修正されたことへの批判記事が紙面を賑わせるようになった。

2　豊かな国を創《つく》るための経済政策

私は、今、知力の限りを尽《つ》くして、「この国を救いたい」と立ち上がっています。

今の日本は不況《ふきょう》で苦しんでいます。

しかし、これは、国民のみなさんの能力不足によるものでは決してありません。

国家の政治運営のなかに、社会主義的なるものが深く入り込《こ》んでいるがために、本来の、機能的で非常に効率のよい、成果をあげることができる、経営体のような国家経営ができていないからなのです。


『幸福実現党とは何か』P.113～

まずは金融《きんゆう》関係を強化します。金融機関、すなわち、銀行をはじめ、資金を提供する機関を徹底的《てっていてき》に強化して、そのバックアップを行います。

そして、困っている企業《きぎょう》が、大企業も中小企業も零細《れいさい》企業も資金援《えん》助《じょ》を受けられるようにしますし、また、新しい起業家に関しても、どんどん融資《ゆうし》を受けられるようにします。

高度経済成長を目指す

――『夢のある国へ――幸福維新』P.46～

幸福実現党は、「三パーセントぐらいの経済成長を目指す」と言っていますが、インフレターゲットを設けているわけです。まずは、向こう三年から四年は、三パーセントぐらいの成長を目指し、そのあとは五パーセント以上の高度成長に持っていこうとしています。

※このコメントは二〇〇九年七月十九日のものだが、民主党も幸福実現党に追随するかたちで三パーセントの経済成長を政策目標に掲げた。

インフレターゲットの設定か銀行紙幣の発行を

『危機に立つ日本』P.187〜

まず、通貨の供給量を増やすことです。これが、いちばん先にやらなければいけないことです。

現在、日本はデフレですが、とにかくインフレ傾向《けいこう》に持っていかなければ駄目《だめ》なので、とりあえず「人工インフレ」をつくるしかありません。

もし、日銀がこういうインフレ政策を行わないのであれば、日銀以外のところでやるべきです。メガバンクから銀行紙幣《しへい》を発行してもかまわないし、あるいは、日本国政府から発行してもかまいません。

予算の単年度制を改める

『日本の繁栄は、絶対に揺るがない』P.69〜

「税収が増えたときに、それを貯《た》める」という思想がなければ、基本的に財政赤字はなくなりません。「その年に使い切ってしまう」というのでは借金ばかりになるはずです。

予算の単年度制を変えなければ駄目であり、そのためには憲法改正が必要です。そうすれば、財政赤字の問題は解決します。

※このコメントは二〇〇八年十月二十六日のものだが、民主党は衆院選後に、複数年度予算を拡大実施する方針を打ち出した。

日本は破綻しない

——『危機に立つ日本』P.125〜

実は、日本は債権国《さいけんこく》であり、国家としては黒字です。債権と債務《さいむ》を国レベルで見ると、日本は、債権のほうを多く持っていて、外貨を蓄《たくわ》えています。外国との関係においては「黒字国家」であり、倒産《とうさん》はありえないのです。

公務員部門としての国家の破産はありえますが、国民国家としての破産はありえないのです。

明治維新パートツーが起こる

『危機に立つ日本』P.126～

もし公務員国家としての破産が起きたら、民間から人が集まり、政府をつくり変えればよいだけのことです。

それは、明治維新《いしん》のパートツーが起きることを意味します。〝幕府〟の財政が潰《つぶ》れ、新しい政府をつくらなければいけない時代が来るだけのことです。

公務員の給料も税収に応じて変動するようにすべきだと思います。税収が増えたら給料が上がってもよいけれども、税収が減ったら給料も下がるように、〝変動相場制〟にしたらよいのです。

そうすれば、どうなるでしょうか。税収を増やす方法は、基本的には景気をよくするしかないので、公務員も景気をよくする方法を考えざるをえなくなります。

※幸福実現党では、安易な公務員のリストラは考えていない。

フラット税制を目指す

『幸福実現党とは何か』P.58〜

実は、国民は「税率が高いから税金を払《はら》いたくない」と思っているのです。

幸福実現党では、国民が「このくらいの低い税率であれば、節税せずに、きちんと働いて税金を納めてもよい」と思えるような、フラットで簡単な税制を導入していこうと考えています。

※日本は住民税と合わせた所得税の最高税率が五十パーセント、法人税の実効税率が約四十パーセントと、世界の主要国のなかでも最も高い水準となっている。

消費税引き上げの行く先は〝地獄〟

『未来へのビジョン』P.20〜

自民党も民主党も「大きな政府」です。彼らの行く末にあるのは、消費税率を二十五パーセントに上げ、ほかの税金も上げることです。やがて、働く人口と老齢《ろうれい》人口が同数になれば、みなさんが負担する税金は五十パーセントになります。

今ストップをかけなければ、行く先は〝地獄《じごく》〟です。

※国立社会保障・人口問題研究所の予測では、二〇五五年には一人の高齢者を約一人で支えることになる。

贈与税を廃止する

――『幸福実現党とは何か』P.62〜

経済成長を目指すためには、貨幣《かへい》の流通速度、回転速度を上げればよいのです。そうすればGDP（国内総生産）は回復します。

そのためには、やはりお金を動かすことが必要です。

幸福実現党が贈与税《ぞうよぜい》の廃止《はいし》を主張しているのも、国民のお金を動かすためです。贈与税をなくし、富裕層《ふゆうそう》が他の人にものを自由に買い与《あた》えていいようにすれば、もっと消費は増えるのです。

相続税についても同様に、廃止を主張しています。これは国民の財産を取り上げていく制度です。

このような税制は、私有財産の否定であり、共産主義そのものです。

※マルクスとエンゲルスの『共産党宣言』では、「相続権の廃止」が訴えられている。

所得再分配は隠れた社会主義

――『政治の理想について』P.202～

「幅広《はばひろ》く税金を取って、国家の一元管理の下《もと》に、所得を再分配する」という機能を持つものが、共産主義、あるいは社会主義です。

所得の再分配は、一見、とてもよいことのように見えますが、「これは隠《かく》れた社会主義である」ということを知っていなければなりません。

そもそも、会社が派遣《はけん》社員を使いたがるのは、結局、好況《こうきょう》・不況に合わせた雇用《こよう》調整のためです。したがって、不況のときの派遣切りは、もともと、ある意味で予想されている事態なのです。

不況のときに派遣社員を切れなかったら、派遣社員は要《い》らないし、派遣制度自体も要らないのです。全部の人を正社員にしなくてはいけないのであれば、不況に対応できません。

派遣切りを禁止したらどうなるかというと、結局、全員が〝国家公務員〟（地方公務員も含《ふく》む）になるしかないのです。

※自由主義社会である以上、倒産も失業も避けられない。失業のない世界を目指すと、全員が公務員の社会になってしまう。

低い食料自給率

——『政治の理想について』P.117～

食料自給率がカロリーベースで四十パーセント、あるいは、穀物で言えば二十八パーセントという状況《じょうきょう》であれば、「食料」と「エネルギー資源」「鉄などの重要金属」の輸入を止められただけで、戦争をしなくても負けることになります。

今、日本は、国防的には非常に危険な状況にあるわけです。

株式会社の農業参入を促す
――『政治の理想について』P.121～

幸福実現党では、政策の一つとして、「株式会社等が自由に参入できるようにして、農業に魅力《みりょく》を出す」ということを考えています。

私としては、「若者を惹《ひ》きつけるためには、株式会社のような組織を立ち上げたほうがよい」と思いますが、「できれば、農村部の青年たちに、起業家になってもらい、その会社の中軸《ちゅうじく》を担《にな》ってもらうのがよい」と思っています。

有機農業には問題もある

『政治の理想について』P.135〜

本当のことを言うと、有機農業は非常に大きな問題を含んでいます。「有機農業は必ずしも安全とは言えない」ということです。

実は、今、世界的に心配されているパンデミック（感染症《かんせんしょう》が世界的に流行すること）は、一説では、「有機農業を進めると、発生率が高まるのではないか」と言われています。

私は、有機農業に代わる一つの選択《せんたく》として、土がなくてもできる「水耕栽培《さいばい》型の農業」も今後はありうると思っています。工場のなかで野菜やイネを育てる研究がなされ、実用化が進んでいますが、そういうかたちでの進出の仕方であれば、株式会社形態でもそうとう可能でしょう。

水耕栽培型には、いざというときに、食料防衛上、非常に有利な面があります。「工場のなかで食料をつくる」ということであれば、外から見ても分からないので、防衛上も非常に有利な点があると思います。

水耕栽培型農業の勧め

――『政治の理想について』P.146〜

農業を輸出産業に

——『政治の理想について』P.153〜

日本の農業は世界の最先端《さいせんたん》を行《い》っています。自動車産業などと同じように、農業も技術的には世界最高のレベルまで来ているのです。日本の農業をきちんと確立し、農産物を、高付加価値商品として、むしろ輸出するぐらいの努力をしたほうがよいでしょう。

食料難は、これから世界を覆《おお》っていくはずです。現に、今、十億人近い人たちが、食料難、栄養失調で苦しんでいるのです。

これに対して日本がなすべき方策はあると思います。

日本の農業は、実は、技術的には世界一なのです。「世界一の技術を持っておりながら、世界の人たちを助けることができないでいる」というのが現状です。何とか救わねばなりません。

日本の農業は世界一

——『幸福維新への道』P.31〜

漁業の再興

——『政治の理想について』P.149～

今、傾《かたむ》いている漁業の再興の道として、養殖《ようしょく》技術を進め、将来的に不足すると予想される高級魚などの養殖を増やすことは、ありうるように思います。

※日本は世界で初めてクロマグロの完全養殖に成功しており、この分野の将来性は高いと言える。

日本の工業はかなり進んでいますが、航空機産業や宇宙産業は、まだ十分ではないので、ここを開拓《かいたく》しなければいけません。

航空宇宙産業の開拓を

『政治の理想について』P.157～

高付加価値産業としてのロボット産業

『未来へのビジョン』P.34〜

未来産業においては、一言で言えば、高付加価値産業をつくること、今まで世の中になかったもの、新しい知恵《ちえ》を含めたものをつくり出すことが大事です。

日本ではロボット産業が進んでいると言われているけれども、進んでいるのは工場用のロボットぐらいです。あと、医療《いりょう》用が少し進んでいるけれども、家事用のロボット、家庭用ロボットはアメリカより後《おく》れていると言われています。これをもっと積極的に進めなくては駄目です。

マネタリズムの限界
『政治の理想について』P.168～

「上がりすぎたものは下がり、下がりすぎたものは上がる」、これが基本的な原則です。それを人間の考え一つで操作できると思うことのほうが間違《まちが》いです。

マネタリズムの考え方には一部、有効な面もありますが、「通貨の供給だけで経済全体を動かせる」と考えているあたりには、少し危ない面があると思います。

※金融政策を重視するマネタリズムは、経済学のなかでも自由主義的な考え方だと言われているが、幸福実現党では、マネタリズムのなかにも統制的な考え方が入っているとしている。

アダム・スミスの否定は民主主義の否定

――『政治の理想について』P.171～

「アダム・スミスの考え方は間違っている」と言うならば、それは「民主主義は間違っている。民主主義より独裁制のほうが効率がよい」と言っているのと同じです。

計画経済の間違い
――『危機に立つ日本』P.92〜

なぜアダム・スミスのレッセフェール（自由放任主義）が肯定《こうてい》されるのかというと、それは、「ただ放任する」ということではなかったからです。「各人が持っている、いろいろな智慧《ちえ》や才覚を、全身全霊《ぜんしんぜんれい》で最大に発揮することを通して、経済は花開く」という思想であったのです。

後追い型で経済を統計化することは可能ではありますが、事前に国家が計画し、十カ年計画、二十カ年計画、三十カ年計画というようなかたちで、線引きできるようなものではありません。

ダム建設中止は社会主義発想

『危機に立つ日本』P.96〜

「百四十三カ所ものダム建設を、すべて見直す」などということを政権発足《ほっそく》当初に言えること自体が、完璧《かんぺき》な社会主義なのです。一括《いっかつ》して、そういう判断ができるはずがありません。それぞれの事情を、すべて調べ、経済効果も考慮《こうりょ》した上でなければ判断できないことなので、ものすごく乱暴なやり方です。

これは、「王族はみなギロチンにかける」というのと同じような発想です。非常に社会主義的な発想なので、とても怖《こわ》いところがあると思います。

温暖化防止は要注意
――『夢のある国へ――幸福維新』P.63～

「地球温暖化を防止するために、CO_2を出さないように」と言うことは、近代化を止めることと同じです。そうすると、今、飢餓《きが》で苦しんでいる地域の人たちは、豊かになれなくなる可能性が極《きわ》めて高いのです。

「CO_2の増加が温暖化をもたらす」という話は、机上《きじょう》の空論である可能性がかなり高いので、よく注意していただきたいと思います。

※このコメントは二〇〇九年七月三日のものだが、二〇〇九年十一月には、温暖化説の根拠となった気温データが捏造されたものであったという報道も出ている。

3 日本を国難から救うための国防政策

「国民の生命・安全を守る」ということは、善いことです。それを悪いことのように言ってきたのは、戦後の風潮、マスコミや左翼《さよく》勢力です。

私が街宣をすると、その街宣場所には、いつも共産党の車がうろうろしていて、「国防費を減らし、それを福祉《ふくし》予算に充《あ》てましょう」などと言っています。

それで、どうするのでしょうか。〝本国〟である中国か何かに隷属《れいぞく》するつもりなのでしょうか。

だいたい、この国の将来を自分たちの力で守れないというのは、恥《は》ずかしいことです。

『日本を夢の国に』P.72〜

二つの大きな危機

『幸福実現党とは何か』P.96〜

今、日本には二つの大きな危機が迫《せま》っています。

一つは「北朝鮮《きたちょうせん》による危機」です。

また、中国が今の政体を変えることができなかった場合には、「中国による危機」も大きな問題として浮上《ふじょう》してきます。

中国は、二〇二〇年までに空母艦隊《かんたい》をつくり、ハワイから西太平洋、インド洋、アフリカあたりまでの海を支配する気でいます。それまでの十年間、何もできないような政権が日本に続いた場合は、国防上、非常に危険な状態が起きるだろうと思います。

自分の国は自分で守ることが大事であり、国が国民を守ってくれればこそ、税金を払《はら》うことに国民も納得《なっとく》するわけです。

しかし、国民を守る気がないのに、税金を取り上げるというのであれば、これは、やはり許せないことです。

国を守ってこそ税金を徴収できる
――『宗教立国の精神』P.66～

鳩山《はとやま》首相は、「東アジア共同体をつくる」と言っていますが、貧しい国と共同体をつくって幸福になることは、おそらくないでしょう。それは、日本からの「富の流出」を意味することになると推定《すいてい》します。

「東アジア共同体」の意味するもの

――『危機に立つ日本』P.118～

私は、いたずらに戦争を煽《あお》ったり勧めたりする気は、まったくありませんが、「自分の国を他国の植民地にはさせない」という強い意志と気《き》概《がい》を持っていなければいけないと考えます。

国を守る気概を

──『夢のある国へ──幸福維新』P.87〜

鳩山政権は「対等な日米関係」ということも言っていますが、「対等な関係」とは、基本的には、「国と国との独立した関係」ということで、「いざというときには戦争もできる関係」のことなのです。それを見抜《みぬ》かなければなりません。

要するに、鳩山政権になって、初めて日米戦争の可能性が出てきたのです。どのようなかたちで日米戦争が起きるかというと、それは、「日本と中国が組んで、アメリカと戦う」という図式です。

日米同盟が平和をもたらす

『危機に立つ日本』P.167～

日米安保《あんぽ》が存続し、日米が組んでいる間は、日本に戦争は起きません。日本の経済力と、アメリカの経済力および軍事力を合計すると、今、地球上でこれに対抗《たいこう》できる国はないので、戦争は起きないのです。

今世紀前半、もしかすると、日本が中国の植民地になる可能性も十分にあります。その可能性は二〇二〇年から二〇二五年ぐらいの間にあるので、こういう未来は避《さ》けたいのです。

もしも中国が、一兵も使うことなくやすやすと台湾《たいわん》を手に入れたならば、次は、当然、尖閣《せんかく》諸島を取りに来ます。尖閣諸島を取ったあとは沖縄《おきなわ》です。

このとき、アメリカが中国と連携《れんけい》し、運命共同体のような関係になっていた場合には、日本にとっては非常に厳しい状態になります。

中国が軍備拡張に走る理由

――『夢のある国へ――幸福維新』P.82～

なぜ、中国は、軍事費を十パーセント以上伸《の》ばし、軍備を拡張しているのでしょうか。それは最終的にアメリカとの覇権《はけん》戦争に備えているからなのです。

※日米中の関係については大きく三つのシナリオが考えられる。一つ目は、日米同盟を堅持して中国の覇権主義に歯止めをかけていくケース。二つ目は、アメリカと中国が連携して日本に圧力を加えてくるケース。そして三つ目は、中国が日本を取り込んで、アメリカに対抗するケースだ。

日本も防衛空母をつくる

『日本を夢の国に』P.41〜

今、中国が、原子力空母をつくり、二〇二〇年までに空母部隊をつくる予定でいるので、やはり、日本のほうも原子力防衛空母をつくるべきだと思います。できれば四隻《せき》ぐらいは欲《ほ》しいところです。このくらいあれば、国の守りは十分です。

それから、原子力潜水艦《せんすいかん》も、やはり何隻かはあったほうがよいでしょう。そこからトマホークが撃《う》てるぐらいのものを持っておれば、防衛上は、かなり強くなります。

憲法九条は改正すべき

『国家の気概』P.128〜

日本国憲法の第九条は、遅《おそ》くとも二〇二〇年ぐらいまでには改正すべきだと思います。

「自分の国を守る」ということを憲法で明文化できないのは、主権国家として悲しいことです。したがって、国家の主権を放棄《ほうき》する条文、存在そのものが違憲《いけん》の疑いのある憲法九条は、やはり変えるべきです。

今の自衛隊法では、攻撃《こうげき》を受けなければ反撃《はんげき》ができません。向こうが攻撃しなければ日本は手を出せないのです。

しかし、日本のほうが、「戦争の危険がかなり高いので、備えをして、きちんと対応する。国力相応の防衛力をつけ、自分の国は自分で守る」という意思表示をし、「いざとなれば実力行使も辞さない」という強い態度を堅持《けんじ》していれば、何も起きずに済む可能性はあります。

自衛隊法の問題

――『幸福実現党とは何か』P.105～

日本の外交戦略 ―― 『幸福実現党宣言』P.206〜

昔、日本が戦争に追い込《こ》まれたときには、アメリカ、イギリス、中華《ちゅうか》民国《みんこく》、オランダによる「ABCD包囲網《ほういもう》」というものがありましたが、そのようなかたちで再び補給路を断たれるようなことがあってはならないと思います。そのため、将来の日本の経済が繁栄《はんえい》できるように、あらゆるかたちで外交ルートを開拓《かいたく》し、付き合いのできる国を増やしておくことが大事です。

したがって、アメリカともロシアともオーストラリアとも友好関係を結ばなければいけません。また、インドをはじめ、アジアの国々とも友好関係を結ぶ必要があります。

インドとの同盟を ――『日本を夢の国に』P.27～

インドは、日本が軍事同盟《どうめい》まで踏《ふ》み込んでもアメリカが文句を言わない国ですし、非常に親日的です。また、十二億の人口を持っていて、中国とも拮抗《きっこう》できるぐらいの大国なので、インドと同盟を結んでおくことは、日本の防衛にとっても非常にいいし、将来的な経済発展においてもいいことです。

※二〇〇八年十月に、当時の麻生政権がインドとの安全保障宣言に署名しており、日印関係については前進してきている。

ロシアとの関係を強化する
――『日本を夢の国に』P.26～

ロシアとはまだ平和条約を結んでいないので、まず、平和条約を結ぶことが大切でしょう。

シベリア、サハリンのほうには、原油や天然ガス等、いろいろな資源があります。日本は中東にエネルギーを頼《たよ》りすぎていて、これが中国から海軍力で脅《おびや》かされつつあるので、「ロシアとエネルギー系で結びつく」ということは、国防面においても、産業面においても、非常に重要なことなのです。

中国が、「靖国《やすくに》神社に参拝するなかれ」などという細かい〝箸《はし》の上げ下ろし〟についてまで言うのであれば、日本の大都市に向けた中距離《ちゅうきょり》弾《だん》道弾《どうだん》の核《かく》ミサイルを、全部、取り外し、平和的な国になってから言ってほしいものです。

※現在、中国は数十発とも数百発とも言われるミサイルの照準を日本に合わせているとされる。

日本は主権国家か

『国家の気概』P.99～

日本の首相が「靖国神社に参拝に行く」と言えば、他の国から「待った」がかかります。中国が「参拝してはいけない」と言うと、一国の首相が、国内にある、しかも首相官邸《かんてい》のすぐ近くの神社に、行くこともできないのです。

もしそれがまかり通るのであれば、日本は主権国家かどうか、非常に疑わしいのです。これでは、隷属国家、属国、もしくは植民地です。

北朝鮮のミサイル問題
——『危機に立つ日本』P.160〜

もし、核兵器の発射実験まで行われた場合には、最後の段階だと思わなければなりません。核を搭載《とうさい》したミサイルの発射実験まで行われたら、それがどこに向けて撃ったものであっても、一億三千万人の日本国民の生命は、彼《かれ》らの掌中《しょうちゅう》にあり、担保に取られたことになります。北朝鮮のミサイルは日本までわずか十分ほどで飛んでくるので、今の政府の判断能力では、どうすることもできないでしょう。

北朝鮮の人々を救うために
――『政治に勇気を』P.132〜

私自身は、「日本の国民一人ひとりを愛するのと同じように、今、圧政下にある北朝鮮の人々、二千万人以上の苦しんでいる人々一人ひとりを助けたい」という気持ちでいっぱいなのです。韓国《かんこく》の人々も、戦争によって一人も死んでほしくないのです。

「北朝鮮はミサイルを発射して日本を威嚇《いかく》しているが、金正日《キムジョンイル》の本心は、まず韓国併合《へいごう》である」ということです。このことは知っておいたほうがよいでしょう。

金正日の狙い

――『夢のある国へ――幸福維新』P.77～

4 国家百年の計としての教育政策

日本の新しい教育を進めていきましょう。

公教育を無駄《むだ》にすることなく、そのなかで立派な教育をし、また、人間としての正しい道徳心、倫理観《りんりかん》をも教えましょう。そして、素晴《すば》らしい国をつくっていきましょう。

それが、私たち幸福実現党の考える「幸福の実現」の意味の一つであります。


『未来へのビジョン』P.98〜

宗教を信じていない先生がたが、宗教を否定し、学校から追い出すことをもって、「善」とし、「正義」としているために、いじめが決してやまないのです。

これは、善悪が完全に逆転していると言わざるをえません。

しかも、国の予算において、教育費は五兆円も使っています。五兆円を使って、いじめ地獄《じごく》を学校でつくっているのです。

いじめがやまない理由

──『未来へのビジョン』P.16〜

高校無償化の危険性
『危機に立つ日本』P.180〜

日教組《にっきょうそ》が学校教育を仕切っている今の流れのなかで、教育を無償化《むしょうか》しようとしていることに、私は非常な危機感を覚えます。これは、教師に対して、「もっとサボってもよい」というメッセージを出しているのと同じだからです。有料であれば、やはりサボれないのです。

高校無償化はマルクスの主張と同じ
――『未来へのビジョン』P.17～

民主党の鳩山氏《はとやま》は、小学校や中学校の義務教育が無料であるだけではもの足りなくて、「高校まで無料にしたい」と言っています。

しかし、『共産党宣言』の後ろのほうに、「公教育は無償とする」と、明らかに書いてあります。

鳩山氏は共産主義の人だったのでしょうか。驚《おどろ》きです。マルクスと同じことを主張しています。

※『共産党宣言』には「すべての児童の公共的無償教育」とあるほか、ナチス党綱領にも「無償の高等教育制度」と記されている。

公教育のレベルアップを

――『幸福維新への道』P.56〜

「最低限、学校で高度な授業を受けられて、受験しようと思ったら、塾《じゅく》に行かなくても合格できるような状態をつくる」ということは、非常に大事なことだと思うのです。

今は、補助金を出すことばかりを言っています。学校に補助金を出すとか、高校の授業料をタダにするとか、全部お金で片付けようとしているけれども、お金ではなくて内容の問題なのです。

本当に国民のためを考えるなら、少なくとも八割の国民のことを考えるのなら、「公教育のレベルを上げる」ということは公務です。これは急務です。

ゆとり教育への揺り戻し

『危機に立つ日本』P.139～

「ゆとり教育」への揺《ゆ》り戻《もど》しが始まっています。

ゆとり教育に戻せば、公務員である教員にとっては優《やさ》しい社会が到《とう》来《らい》しますが、それは、子供たちが欲求不満を起こす社会でもあります。

「悪い教育ではあるが、税金を投入してタダにするから、我慢《がまん》しろ」というような考え方に向かっているように見えるのです。

※授業料が無料になれば、授業内容は低下し、結果的にゆとり教育に戻っていく事態が懸念される。

教員免許更新制の変更

――『危機に立つ日本』P.47～

「教員免許《めんきょ》を十年おきに更新《こうしん》する」という制度を、あっという間に、「いったん免許を取れば、永久に持てる」というようなかたちに戻そうとしています。

制度の変更《へんこう》によって、教師が良い教育をするようになれば結構なことだと思いますが、怠《なま》け者《もの》を数多くつくる結果になるようであれば困ります。

もし、成果があがらず、「ゆとり教育」型にユーターンしていくのであれば、やはり、言論で戦わなければいけないと考えています。

学校教育については、もう一つの選択肢《せんたくし》があります。それは、学校に行かなくてもよいことにするのです。

「学校に行きたくなければ、塾に行ってもかまわない。そして、一定の学力認定《にんてい》試験を受けて、それに通れば、中学や高校を卒業したものと認める」という選択制にすれば、学校への補助金がなくてもやっていけるわけです。

塾を学校と認める
——『危機に立つ日本』P.181〜

5 新しい福祉《ふくし》の考え方

急速な経営危機、経済危機による、一過性の貧困《ひんこん》の場合には、国家や地方公共団体による迅速《じんそく》な救済措置《そち》は必要だと言えます。しかし、それが慢性的《まんせいてき》なものになると、必ず〝怠《なま》け者《もの》大国〟になるので、それは許せないと思います。

『幸福実現党宣言』P.143～

病院全体に、経営的な視点からの改革が必要です。現実には、医学部のなかに「医学部経営学科」のようなものをつくり、効率的な病院経営の手法を教える必要があるのではないでしょうか。

現在は、税金を無限に吸い込《こ》んでいくシステムが出来上がっていると言えます。医療費《いりょうひ》といっても、必ずしも全部が善だとは限らないと思うのです。

病院に経営的な視点を

――『幸福実現党宣言』P.185～

失業対策の考え方
――『政治の理想について』P.222～

失業対策では、基本的には失業者を企業《きぎょう》に採用してもらうのがよく、「国のほうで補助金なり年金なりを支給して、生活の面倒《めんどう》をすべて見る」というような考え方は、人間の人生計画にとってよくないと思います。

世の中に自分の働きを還元《かんげん》していくのが人間としての筋であり、働いてお金を稼《かせ》ぐことが、人間の幸福にとっても、よいことなのです。

国は、宗教を非常に否定的なもののように捉《とら》え、その活動を限定しようとするのではなく、むしろ、宗教に対して、積極的に社会福祉《ふくし》的な活動をするように働きかけるべきです。

社会福祉は宗教に
『政治の理想について』P.230〜

年金の基本的な考え方

『夢のある国へ――幸福維新』P.117〜

身寄りがなく、老後に一人暮《ぐ》らしとなり、生活保護レベルの生活を送っていて、困っている人には、何とかして工面《くめん》をして、年金相当分のお金を搾《しぼ》り出さなければいけないと思います。

しかし、「家族関係等のよりを戻《もど》せば、養ってくれる人は、たくさんいる」という場合であれば、お年寄りの面倒《めんどう》を見ることを、ある程度、家族や親族に引き受けてもらうことも大事かと思います。

6 世界一の繁栄《はんえい》に向けた未来ビジョン

幸福実現党は、この国の人口を増大させ、「三億人国家」を実現し、世界一のGDPをつくり上げます。日本を世界一の大国にします。

『幸福実現党とは何か』P.117〜

国家の方針として、とりあえず、「人口増」ということを掲《かか》げれば、老人福祉《ふくし》の問題や、財政赤字の問題など、将来的な問題はほとんど解決していくのです。人口が増えていけば、あらゆる産業がすべて立ち上がってきて、景気は回復していきます。

なぜ人口増が必要か――『政治の理想について』P.271～

人口増加策は年金の根本解決法
『夢のある国へ——幸福維新』P.95〜

年金制度は崩壊《ほうかい》します。このままでは絶対にもちません。これを根本的に解決する方法は、今、幸福実現党が訴《うった》えている政策以外にないのです。「人口を増大させる」ということです。

※現在すでに基礎年金の国庫負担（税金）は二分の一になっているが、税金が投入された段階で年金制度は崩壊しているとも言える。

七十五歳定年制に

『夢のある国へ――幸福維新』P.105～

あと十五年以内に、日本は、「七十五歳ぐらいまで働くのが普通《ふつう》」という社会に必ず移行します。七十五歳までは現役《げんえき》で働かなければ、この国は、もたなくなります。

したがって、七十五歳まで働ける職業をつくり出さなければいけないのです。

政府の機能は、やはり、できるだけ最小限に抑《おさ》えて、個人や企業《きぎょう》の力を阻害《そがい》しているものを取り除き、それらの力を最大限に発揮させることによって、繁栄《はんえい》・発展する道を開いていくことこそ、本道であると思うのです。

小さな政府が本道

『夢のある国へ——幸福維新』P.192〜

リストラだけが公務員改革ではない

――『幸福実現党とは何か』P.114～

公務員の人数を半減させる前に、まず公務員の仕事の速度を二倍にすべきです。

経済を発展させるのは「量」ではなくて「速度」です。これからの資本主義経済を、ますます発展させるためには、経済速度のアップこそが最も大事なことです。

地方分権の落とし穴

『政治の理想について』P.95～

今、さまざまな情報はすべて、最終的には東京に集中している状況《じょうきょう》です。地方に住んでみると分かりますが、東京と地方の情報格差はあまりにもありすぎます。

要するに、地方分権という名で切り離《はな》されてしまうと、東京と地方の格差がもっと開いてくる可能性が高いのです。

また、地方分権や地方自治、道州制を提案することには、いわゆる地方交付税等の補助金をカットする狙《ねら》いもあるようです。そうなると、結果的には、東京と地方の格差は、もっと開いていくおそれがあるので、気をつけなければいけないのです。

中央集権型の目的

『政治の理想について』P.100～

日本のように小さな国においては、中央集権型の組織を維持《いじ》するほうが、国家が一丸となって外交に当たる際には非常に有利に働きます。国論をまとめるときには非常に有利なのです。

もともと日本は、国を強くするために中央集権型をつくってきたのです。これは奈良《なら》時代からずっとそうです。なぜそうしたかというと、外国から国を守るためだったのです。

※明治維新も、幕府を解体して中央集権型の政府につくり変えたことで、強力な近代国家を建設することに成功した。

裁判員制度の下《もと》での裁判官は、プロとして明らかに失格です。量刑にまで一般人《いっぱんじん》を巻き込《こ》むのでしたら、裁判官の報酬《ほうしゅう》を半額にしていただきたいものです。

この裁判員制度には問題があります。民間人は、それほど暇《ひま》ではありません。会社が潰《つぶ》れかかっているようなときに、量刑までやっている暇はありません。おそらく、この制度は見直しがなされ、膨大《ぼうだい》な作業が、もう一度、始まるはずです。

裁判員制度の問題——『政治の理想について』P.105～

移民を受け入れる

『朝の来ない夜はない』P.91〜

日本は、一生懸命《いっしょうけんめい》、移民制限をしていますが、今後、もっと移民が入ってくるでしょう。「先進国の人なら入ってきてもかまわないが、発展途上《とじょう》国の人は、あまり入れたくない」というのは、世界第二位の大国としては、わがままな考え方です。やはり、移民を受け入れていかなければならないのです。

人口が百万人以上を数えるような大都市であるならば、徹底的《てっていてき》に、外国人が住みやすい町づくりをするべきです。特に、言葉の壁《かべ》はそうとう厚いので、百万人都市ぐらいであれば、英語を準公用語として使えるようにするなど、国際都市に変わっていく努力が必要です。

逆に、日本語教育を広げる努力も必要でしょう。外国人に対して、日本語を習得する機会を数多くつくってあげる必要があります。

石油に代わる新エネルギー戦略を

――『朝の来ない夜はない』P.88～

これからは石油の供給が問題になります。日本は国として、代替《だいたい》エネルギーの開発等に、もっともっと頑張《がんば》らなければいけません。

水素は、代替エネルギーとして有望です。

日本は海に囲まれているので、海洋温度差発電も有力です。

その他、風力発電、太陽光発電など、クリーンなエネルギーの開発にも、もう少し力を入れなければいけません。

未来社会に向け、大胆《だいたん》な「交通革命」を構想しておく必要があると思います。

新幹線もしくはリニアモーターカーでユーラシア大陸を一周できるようにし、「ユーラシア共和国」ふうに、日本を起点として全部を結ぶようにしたいと考えています。

リニアによる交通革命を

——『政治の理想について』P.272～

“空飛ぶリニア〟構想

――『夢のある国へ――幸福維新』P.135〜

都市部では、リニアモーターカーは空中を走らせることを考えています。

例えば、ビルの三十階ぐらいの所はモノレールが走りますが、リニアモーターカーは五十階建てぐらいのビルの屋上から屋上へと走っていくようにするのです。いわば“空飛ぶリニア〟構想です。

スペースシャトルを旅客便で使えるレベルに進化させる必要がありま す。そして、国産のスペースシャトルをつくり、日本とアメリカ間、日本とヨーロッパ間を、片道二時間以内で移動できるようにします。あるいは、オーストラリアであれば一時間で行けるようにします。

日本とアメリカを二時間で結ぶ

――『政治の理想について』P.275～

東京の空中を開発せよ

――『夢のある国へ――幸福維新』P.133～

東京の空は、すべて、財産に換《か》わる可能性を秘めています。東京の空中権は数兆円か数十兆円か、いったい、どのくらいの金額になるか分からないほどの大きな財産です。それが、まだ未開発のまま、手つかずで残っているのです。

7 宗教立国と新しい政治のかたち

『幸福実現党宣言』は、「神仏の存在を認め、正しい仏《ぶっ》法真理《ぽうしんり》を信じる人々の力を結集して、地上に、現実的ユートピアを建設する運動を起こす。そして、その政治運動を、日本を起点として起こしつつも、万国《ばんこく》の人々にもまた波及《はきゅう》させていく。正しい意味での世界同時革命を起こすつもりである」という宣言です。

『幸福実現党宣言』P.23〜

なぜ宗教が政治にかかわるのか
――『政治の理想について』P.70～

「宗教が何ゆえに政治にかかわる必要があるのか」ということを一言で述べるとするならば、「世直しの一環《いっかん》である」ということです。

当会が政治に進出する目的は「幸福の具体化」にあります。大局的には、「この世的ユートピアの実現を目指す」ということです。
そして、この『幸福実現党宣言』において、マルクスの『共産党宣言』を永遠に葬《ほうむ》り去りたいと考えています。

政治に進出する理由——『幸福実現党宣言』P.30〜

「幸福実現党」という党名どおり、もし幸福が実現しなかったら存在意義はありません。名前自体のなかにミッションがはっきりと入っているのです。

幸福実現党に反対する方は「不幸になりたい人」ということになります。

幸福実現党の存在意義

――『政治の理想について』P.252～

宗教は国家の背骨

『幸福実現党宣言』P.218〜

「宗教的信念」というものが、一本、強く入ることによって、国家は強くなるのです。

宗教がしっかりしてくれれば、国家には背骨ができてきます。国家の背骨に当たるのが宗教なのです。

幸福実現党は宗教を基盤《きばん》にしています。宗教が一本、背骨として通ることによって、国家は強くなり、宗教を信じていない人であっても、その御利益《ごりやく》に与《あずか》ることができるのです。

要するに、幸福実現党を支援《しえん》することによって受けられる利益《りえき》とは、「発展の成果を享受《きょうじゅ》することができる」ということです。

宗教が尊敬される国に

――『宗教立国の精神』P.75〜

私の夢《ゆめ》は、「宗教を信ずる者が尊敬されるような日本にしたい」ということです。

政教分離は世界標準ではない

『幸福実現党とは何か』P.23〜

キリスト教国では、「政教分離《ぶんり》」を謳《うた》いつつも、実質はキリスト教が“国教”になっており、キリスト教に基《もと》づいて、大統領等の宣誓式《せんせいしき》も行われています。

イスラム教も、宗教と政治が完全に一体化して国教になっており、宗教と政治を分けることはできない状況《じょうきょう》になっています。

日本神道《にほんしんとう》はどうかというと、これも、もともとは、「宗教と政治は一体のものである」というところから始まっています。

世界標準で見るかぎり、宗教が政治運動をしてもまったく問題はないのです。

天皇制を国家神道として一神教的なものにしようとした結果、明治時代から「廃仏毀釈《はいぶつきしゃく》」という仏教の弾圧《だんあつ》が行われ、ずいぶん、寺が壊《こわ》されたり、仏像が釘《くぎ》やいろいろなものに変えられたりしました。

その結果、敗戦が来て、その反省から、新しい憲法においては、「国家が特定の宗教を強く保護して、ほかの宗教を弾圧することがないように」という趣旨《しゅし》で政教分離が定められたのです。

日本が政教分離になった理由

——『幸福実現党とは何か』P.28～

天皇制自体は百二十五代続いていて、二千数百年の流れを持っているものであり、外国には数少ないものであるので、制度そのものは何らかのかたちで残しておいたほうが、日本の国にとってはよいだろうと思っています。

天皇制は何らかのかたちで残す

──『幸福実現党宣言』P.49〜

大統領制を敷いたほうがよい

――『幸福実現党宣言』P.56〜

天皇のほうが、政治的にトップだというのであれば、判断と責任が生じるのは当然です。そうすると、先の戦争のようなときには、当然、戦後は死刑《しけい》になっているはずです。

私としては、「内閣総理大臣のほうに元首としての責任がある」ということを明確にしてもかまわないし、あるいは、できれば大統領制を敷《し》いたほうがよいのではないかと考えています。

※大統領制であれば、天皇は政治的な責任を負う必要がなくなり、かえって天皇制を文化的象徴として末永く存続させることができる。

なぜ新しい憲法が必要か——『新・日本国憲法 試案』P.23〜

まず、日本国憲法の簡素化から始めなければいけないと考えます。日本国憲法のなかには、法律まがいの細かい条文がかなり入っていますし、年代がかった内容もそうとう入っているので、一度、これらをリストラし、「国家の理念」および「国家の枠組《わくぐ》みとして必要なかたち」を提示《ていじ》することが大事です。

憲法とはどうあるべきか
──『幸福実現党宣言』P.86〜

「人間は魂《たましい》を持った精神的存在である」と考えるならば、やはり、憲法のなかに、国民を鼓舞《こぶ》し、精神的高みに導いていくようなものがなければならないと思います。

神も仏も否定し、あの世も霊的《れいてき》存在も否定して、人間をロボットのような機械と見なす思想の下《もと》で、この世的生存のみを目的とした国家運営を考えるような憲法は、認めがたいと考えています。

日本国憲法においては「主権在民」が唱えられています。主権在民とは、どういう意味かというと、「国民の意志によって、自分たちの政府をいくらでもつくり変えることができる」ということです。

「お上《かみ》によって下々《しもじも》が治められている」という国家観とは違《ちが》うのです。

「憲法を変えることができない」ということであれば、「日本国民には政治的自由がない」ということを意味します。

主権在民の意味

『政治の理想について』P.39～

世襲議員の問題

――『政治の理想について』P.42～

政治家の世襲《せしゅう》は、結局、「国民が政治に参加することによって、自由に自分たちの公的空間をつくり上げよう。自分たちの力によって公的領域をつくり上げよう」とする政治的自由を奪《うば》うことになります。世襲制は一種の貴族制と見なしうるので、貴族制政治が続いているのであれば、「自分たちの力によって公的領域を創造する」という幸福が奪われていると言わざるをえません。

もちろん、二世議員、三世議員のなかにも、才能や能力のある人がいるので、これは、世襲議員をすべて排除する趣旨ではありません。

平等より自由を選べ ―― 『政治の理想について』P.237～

「自由か平等か、どちらか選べ」と言われたら、迷わず自由のほうを選んでください。

自由より平等を選んだら、必ず自由は死滅《しめつ》します。平等を選んだ場合は、極端《きょくたん》まで行くと、最後は結果平等に必ず行き着きます。この結果平等は「貧しさの平等」なのです。

本当の平等とは何か
――『政治の理想について』P.47～

近代民主主義の美称《びしょう》として、「自由と平等」ということが言われますが、この世の人間の実生活を、現象論、結果論として見るかぎり、完全な自由も完全な平等も実際にはないのです。

本当の平等がありうるとしたら、「投票において一人一票が与《あた》えられる」ということ以外にはないのです。そのほかには平等などありません。

エピローグ

私は、「幸福維新《いしん》」という言葉を掲《かか》げています。
幸福実現党の活動は明治維新と同じです。
もちろん、体制を打ち壊《こわ》して、破壊《はかい》、殺戮《さつりく》をしようなどとは考えていません。
私は、そうした暴力的な革命は否定しています。
そういう革命ではなく、今、精神革命を起こそうとしているのです。
精神的なる革命、真実への革命です。
真理のための戦いなのです。

あなたがたは、幸福維新の志士として、どうか、潔《いさぎよ》く、真理のために、身命《しんみょう》を賭《と》して戦ってください。

決して節《せつ》を曲げず、「正しいことは正しい」と言い続けてください。迎合《げいごう》しないでください。

単なるポピュリズムに陥《おちい》らないでください。

「真理のための戦いである」という原点を、決して忘れてはならないのです。

『夢のある国へ——幸福維新』P.20〜

『大川隆法 政治提言集』 大川隆法著作引用文献

『朝の来ない夜はない――「乱気流の時代」を乗り切る指針』（幸福の科学出版刊）
『日本の繁栄は、絶対に揺るがない――不況を乗り越えるポイント』（同右）
『国家の気概――日本の繁栄を守るために』（同右）
『幸福実現党宣言――この国の未来をデザインする』（同右）
『政治の理想について――幸福実現党宣言②』（同右）
『政治に勇気を――幸福実現党宣言③』（同右）
『新・日本国憲法 試案――幸福実現党宣言④』（同右）
『夢のある国へ――幸福維新――幸福実現党宣言⑤』（同右）
『危機に立つ日本――国難打破から未来創造へ』（同右）
『宗教立国の精神――この国に精神的主柱を』（同右）
『幸福実現党とは何か』（幸福実現党刊）
『新しい選択――2009街頭演説集①』（同右）
『未来へのビジョン――2009街頭演説集②』（同右）
『幸福維新への道――2009街頭演説集③』（同右）
『日本を夢の国に――2009街頭演説集④』（同右）
『自由の大国――2009街頭演説集⑤』（同右）

大川隆法《おおかわりゅうほう》 政治提言集《せいじていげんしゅう》 ――日本を自由の大国へ――

2010年6月7日　初版第1刷

著　者　　大《おお》 川《かわ》 隆《りゅう》 法《ほう》

発行所　　幸福の科学出版株式会社

〒142-0041 東京都品川区戸越1丁目6番7号

TEL(03)6384-3777

http://www.irhpress.co.jp/

印刷・製本　株式会社 堀内印刷所

落丁・乱丁本はおとりかえいたします

ISBN978-4-86395-045-0 C0030

宗教立国の精神

この国に精神的主柱を

なぜ国家には宗教が必要なのか。国民の疑問に答えつつ、宗教が政治に進出するにあたっての決意を示す。幸福実現党創立者・大川隆法の本心がここに！

2,000円

マッカーサー 戦後65年目の証言

マッカーサー・吉田茂・山本五十六・鳩山一郎の霊言

GHQ最高司令官・マッカーサーの霊言によって、占領政策の真なる目的が明らかに。戦後日本の大物政治家、連合艦隊司令長官の霊言も同時収録。

1,200円

日米安保クライシス

丸山眞男 vs. 岸信介

日本にとって60年安保とは何だったのか。その思想的対立の50年後の今、両陣営を代表する当事者の公開霊言対決により、安保闘争の是非が証明された！

1,200円

※表示価格は本体価格(税別)です。

大川隆法 ベストセラーズ

民主党亡国論

金丸信・大久保利通・チャーチルの霊言

三人の大物政治家たちの霊が、日本の危機を警告し、現・与党を厳しく批判する。危機意識の不足する、マスコミや国民に目覚めを与える一書。

1,200 円

福沢諭吉霊言による「新・学問のすすめ」

現代教育界の堕落を根本から批判し、「教育」の持つ意義を訴える。さらに、未来産業発展のための新たな理念を提示する。

1,300 円

勝海舟の一刀両断!

霊言問答・リーダー論から外交戦略まで

幕末にあって時代を見通した勝海舟が現代によみがえり、日本の政治・外交を鋭く斬る。厳しい批評のなかに、未来を切り拓く知性がきらめく。

1,400 円

幸福の科学

あなたに幸福を、地球にユートピアを——
宗教法人「幸福の科学」は、
この世とあの世を貫く幸福を目指しています。

幸福の科学は、仏法真理《ぶっぽうしんり》に基づいて、まず自分自身が幸福になり、その幸福を、家庭に、地域に、国家に、そして世界に広げていくために創られた宗教です。

「愛とは与えるものである」「苦難・困難は魂を磨く砥石《といし》である」といった真理を知るだけでも、悩みや苦しみを解決する糸口がつかめ、幸福への一歩を踏み出すことができるでしょう。

この仏法真理を説かれている方が、大川隆法総裁です。かつてインドに釈尊《しゃくそん》として、ギリシャにヘルメスとして生まれ、人類を導かれてきた存在、主エル・カンターレが、現代の日本に下生《げしょう》され、救世の法を説かれているのです。

主を信じる人は、どなたでも幸福の科学に入会することができます。あなたも幸福の科学に集い、本当の幸福を見つけてみませんか。

幸福の科学の活動

●全国および海外各地の精舎《しょうじゃ》、支部・拠点などで、大川隆法総裁の御法話拝聴会、祈願や研修などを開催しています。

●精舎は、日常の喧騒《けんそう》を離れた「聖なる空間」です。心を深く見つめることで、疲れた心身をリフレッシュすることができます。

●支部・拠点は「心の広場」です。さまざまな世代や職業の方が集まり、心の交流を行いながら、仏法真理を学んでいます。

幸福の科学入会のご案内

◆精舎、支部・拠点・布教所にて、入会式にのぞみます。入会された方には、経典《きょうてん》「入会版『正心法語《しょうしんほうご》』」が授与されます。

◆仏弟子としてさらに信仰を深めたい方は、三帰誓願式《さんきせいがんしき》を受けることができます。三帰誓願式とは、仏・法・僧の三宝《さんぽう》への帰依《きえ》を誓う儀式です。

◆お申し込み方法等は、最寄りの精舎、支部・拠点・布教所、または左記までお問い合わせください。

幸福の科学サービスセンター
TEL 03-5793-1727
受付時間 火～金：一〇時～二〇時 土・日：一〇時～一八時

大川隆法総裁の法話が掲載された、幸福の科学の小冊子（毎月１回発行）

月刊「幸福の科学」
幸福の科学の
教えと活動がわかる
総合情報誌

「ザ・伝道」
涙と感動の
幸福体験談

「ヘルメス・エンゼルズ」
親子で読んで
いっしょに成長する
心の教育誌

「ヤング・ブッダ」
学生・青年向け
ほんとうの自分
探究マガジン

幸福の科学の精舎、支部・拠点に用意しております。
詳細については下記の電話番号までお問い合わせください。

TEL 03-5793-1727

宗教法人 幸福の科学 ホームページ **http://www.kofuku-no-kagaku.or.jp/**